영재수학동화 ❻

원뿔 속의 엑스캘리버

신디 누시원더 지음 • 웨인 지핸 그림
승영조 옮김

승산

영재수학동화 ⑥
원뿔 속의 엑스캘리버

1판 1쇄 인쇄 2006년 12월 21일
1판 2쇄 펴냄 2009년 11월 5일

지은이	신디 누시원더	그린이	웨인 지핸	옮긴이	승영조
펴낸이	황승기	편 집	이선영	마케팅	송선경
디자인	nous(누)	펴낸곳	도서출판 승산	등록날짜	1998년 4월 2일

주 소 | 서울시 강남구 역삼동 723번지 혜성빌딩 402호
전화번호 | 02-568-6111
이메일 | books@seungsan.com
팩시밀리 | 02-568-6118
웹사이트 | www.seungsan.com

ISBN 978-89-88907-93-1 74410
978-89-88907-85-6 (전6권)

이 도서의 국립중앙도서관 출판시도서목록(CIP)은 e-CIP홈페이지(http://www.nl.go.kr/ecip)에서 이용하실 수 있습니다. (CIP제어번호: CIP2009003243)

Text copyright ⓒ 2003 by Cindy Neuschwander
Illustrations copyright ⓒ 2003 by Wayne Geehan
Original edition first published by Charlesbridge Publishing under the title of Sir Cumference and the Sword in the Cone.
Korean translation copyright ⓒ 2006 by Seung San Publishers
This edition was published by arrangement with Charlesbridge Publishing through THE Agency, Seoul.

이 책의 한국어판 저작권은 더 에이전시를 통한 Charlesbridge Publishing과의 독점계약으로 도서출판 승산에 있습니다. 저작권법에 의해 한국 내에서 보호를 받는 저작물이므로 무단 전재와 무단 복제를 금합니다.

화창한 날 아침이었어요. 원둘레 경과 지름 부인과 반지름이 아서 왕의 성에서 식사를 하고 있었어요.

갑자기 문이 와락 열리며 젊은 기사가 뛰어 들어왔어요. '꼭지점'이라는 이름의 이 기사는 반지름의 절친한 친구였어요. "아서 왕이 왜 우리를 불렀는지 알아냈어요!" 꼭지점이 말했어요.

"아서 왕이 후계자를 뽑으려고 한대요. 다음에 왕이 될 사람 말예요. 다섯 명의 기사가 겨루게 되었는데, 나도 그 가운데 한 명이에요."

"자네는 훌륭한 왕이 될 거야." 원둘레 경이 말했어요.

"그렇고말고요." 반지름이 맞장구를 쳤어요.

"하지만 먼저 이 양피지에 적힌 수수께끼를 풀어야 해요." 꼭지점이 말했어요. "아서 왕이 엑스캘리버를 숨겨 놓았는데, 그걸 찾아내는 기사가 다음 왕이 될 거예요."

꼭지점이 양피지를 펼쳤어요. "아서 왕이 우리에게 준 힌트는 이것밖에 없어요."

다면체들을 만들어서 장소를 알아내라. 점과 모서리와 면이 각각 몇 개인가? 더하고 빼서 2가 나오는 것은 제외하라. 색다른 것이 있으리니, 그 높이는 밑면의 너비를 세 배한 것이다. 왕이 될 운명의 칼이 그 안에 있으리라.

"글을 에워싸고 있는 이상한 이 그림들 좀 봐요. 어쩐지 나무 탁자를 위에서 바라본 모습 같아요." 지름 부인이 말했어요.

"목수 아저씨에게 가서 물어보자. 목수들은 여러 가지 탁자에 대해 잘 알고 있거든." 반지름이 꼭지점에게 말했어요.

꼭지점과 반지름은 성채의 안마당으로 달려 나갔어요. 다른 기사들도 열심히 엑스캘리버를 찾고 있는 모습이 보였어요.

한 기사는 나무를 깎아서 다면체를 만들고 있었어요. 성벽을 쌓은 돌멩이의 변을 세고 있는 기사도 있었어요.

칼 모서리를 유심히 살펴보는 기사도 있고,
책을 샅샅이 훑어보는 기사도 있었어요.

"내가 목수 아저씨에게 가는 지름길을 알고 있어. 안마당 아래에 목공소로 가는 터널이 있거든." 반지름이 말했어요. 그는 꼭지점을 데리고 지하 터널로 들어갔어요.

터널은 어둑어둑했어요. 어둠 속에서 바스락거리고 찍찍거리는 소리가 들려왔어요.

두 사람은 마침내 목공소에 이르렀어요. 꼭지점은 목수인 기하 아저씨와 대칭 아저씨에게 양피지 그림을 보여 주었어요.
"이게 뭔지 아세요?" 꼭지점이 물었어요.

"물론이죠. 이건 다면체를 펼쳐 놓은 도형이랍니다." 기하 아저씨가 답했어요.

"이 도형으로 길이와 너비와 높이가 있는 다면체를 만들 수 있어요." 대칭 아저씨가 말했어요.

"아하, 그렇구나! 그걸 만들어 보자." 꼭지점이 반지름에게 말했어요.

꼭지점과 반지름이 도형을 접으니까 다면체가 만들어졌어요. 꼭지점이 말했어요. "'더하고 빼서 2가 나오는 것은 제외하라'고 양피지에 적혀 있어. 이 육면체는 면이 여섯 개야. 면이 서로 만나는 모서리의 점이 여덟 개, 면이 만나는 모서리 선, 곧 변이 열두 개야. 어떻게 2가 나온다는 거지?"

"이 사각뿔 좀 봐." 반지름이 말했어요. "이건 면이 다섯 개, 점이 다섯 개, 변이 여덟 개야. 어떻게 하면 2가 나올까?"

꼭지점이 말했어요. "면과 점의 개수를 더해야 하는 게 아닐까? 사각뿔의 면과 점의 개수를 더하면 10이 돼. 거기에 변의 개수 8을 빼면 2가 돼."

반지름이 말했어요. "육면체도 그럴까? 육면체의 면 여섯 개와 점 여덟 개를 더하면 14야. 거기서 변의 개수 12를 빼면 2가 나오네? 맞아! 꼭지점, 네가 알아냈어!"

꼭지점과 반지름은 여러 도형을 모두 다면체로 만들었어요. 정육면체, 사각뿔, 사각기둥, 삼각기둥, 원통, 원뿔을 만든 거예요.

꼭지점은 여러 다면체의 면과 점과 변의 개수를 헤아렸어요. 면과 점의 개수를 더한 후, 변의 개수를 빼자 답이 2가 나왔어요. 하지만 원통과 원뿔은 달랐어요.

모양	면	점	면+점	변	면+점-변
정육면체	6	8	14	12	2
사각뿔	5	5	10	8	2
사각기둥	6	8	14	12	2
삼각기둥	5	6	11	9	2

꼭지점은 양피지를 펼쳐 들고 다시 읽어 보았어요.

…… 2가 나오는 것은 제외하라. **색다른 것**이 있으리니.

"원통이나 원뿔에는 직선으로 된 모서리가 없어. 모서리가 만나는 점도 없고. 이 두 가지는 색다른 거야.
그렇다면 원통이나 원뿔에 답이 있는 게 분명해!"
꼭지점이 힘주어 말했어요.

"이것 좀 봐." 반지름이 말했어요. "이것들을 쌓으니까 성 모양이 되었어! 사각기둥 위에는 사각뿔 지붕을 얹어서 탑을 만들었어. 원통에는 원뿔 지붕을 얹어서 둥근 탑을 만들었어."

꼭지점이 그걸 바라보며 말했어요. "둥근 탑에서 엑스캘리버를 찾아보자. 그건 원통과 원뿔 모양으로 만든 거니까 어쩌면 그 안에 칼이 있을지도 몰라."

꼭지점과 반지름은 둥근 탑을 오르락내리락하며 샅샅이 살펴보았어요. 들창을 열어 보고, 갑옷 속을 들여다보고, 벽걸이 융단도 들춰 보았어요. 하지만 엑스캘리버는 흔적도 없었어요.

"위에서 한번 살펴보자." 꼭지점이 말했어요.

두 사람은 지붕으로 올라갔어요. 꼭지점은 안마당을 굽어보았어요.
"길에 깔린 돌들 좀 봐!" 꼭지점이 말했어요.

"모두 둥글둥글해. 원통이나 원뿔의 밑바닥도 저렇잖아. 우리가 지나온 터널이 바로 저 길 아래 있었어."

꼭지점과 반지름은 다시 터널로 들어갔어요. 천장에는 뾰족한 뿔이 돋아 있었어요.

"그러고 보니 이게 바로 원뿔 모양이야." 반지름이 말했어요.

"이걸 캐내 보자." 꼭지점이 말했어요.

꼭지점과 반지름은 밤이 깊어지길 기다렸어요. 안마당에 아무도 없을 때까지 기다린 거예요. 꼭지점은 양피지에 적힌 글을 곰곰 되새겼어요.

그 높이는 밑면의 너비를 세 배한 것이다.
왕이 될 운명의 칼은 그 안에 있으리라.

"먼저 원뿔 밑면의 너비를 재 볼 필요가 있어." 꼭지점이 하나를 재 보니 너비가 30센티미터였어요.

"그렇다면 높이는 그 세 배인 90센티미터여야 해." 반지름이 말했어요.

꼭지점과 반지름이 그 원뿔을 캐내서 높이를 재 보니 1미터나 되었어요.
"이런! 이건 높이가 세 배보다 더 크잖아." 반지름이 말했어요.

"다른 것을 캐 보자." 꼭지점이 말했어요. 두 사람은 밤새 삽질을 계속했어요.
원뿔을 여러 개 캐서 너비와 높이를 재 봤지만, 딱 맞는 게 없었어요.

두 사람이 계속 삽질을 하는 동안 휘영청 밝은 보름달이 지고 동이 트려 했어요.

"이러다간 끝이 없겠어." 반지름이 한숨을 내쉬었어요. "많은 원뿔을 캐냈는데도 아직 못 찾았어. 좋은 방법이 없을까?"

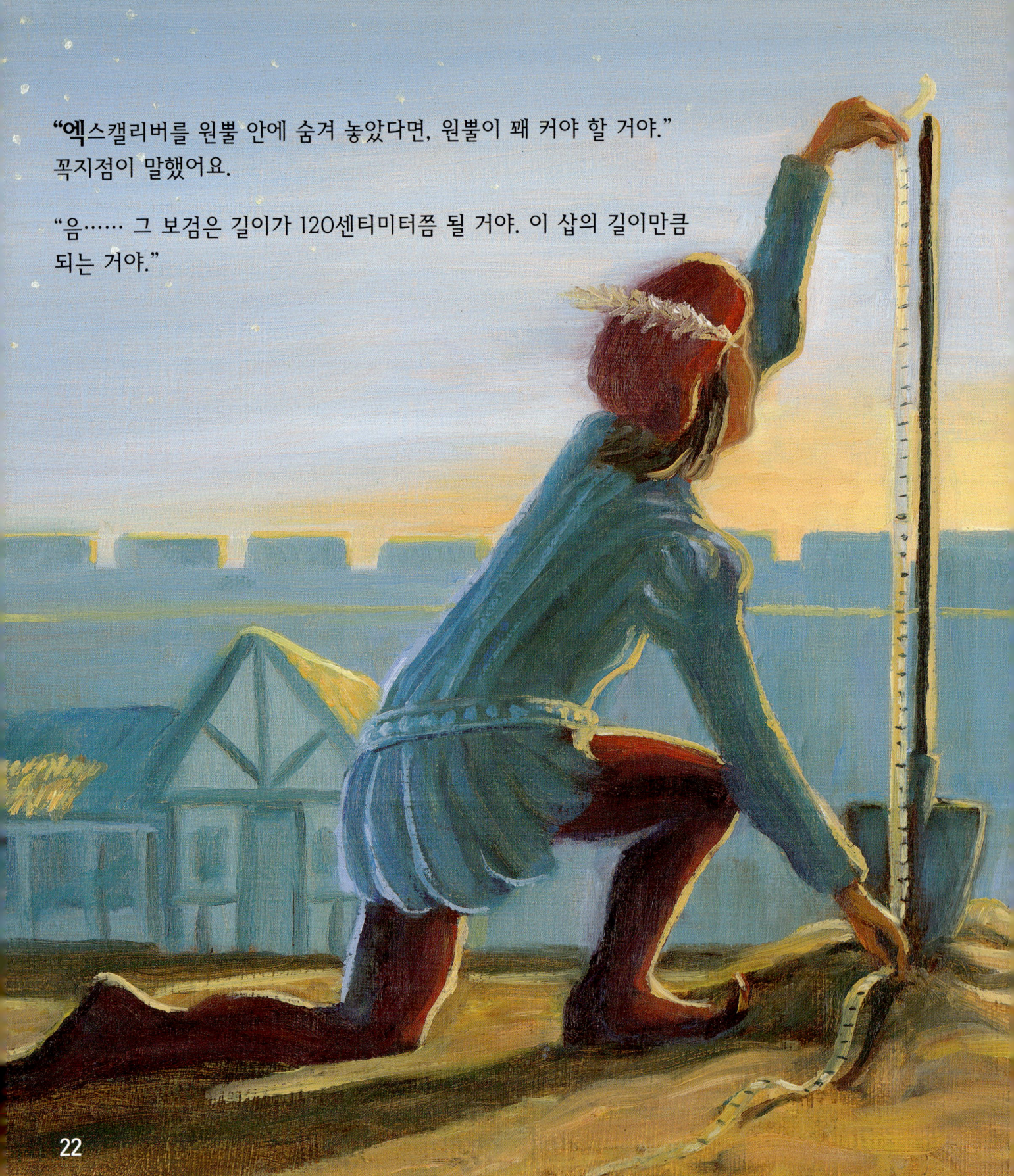

"엑스캘리버를 원뿔 안에 숨겨 놓았다면, 원뿔이 꽤 커야 할 거야."
꼭지점이 말했어요.

"음…… 그 보검은 길이가 120센티미터쯤 될 거야. 이 삽의 길이만큼 되는 거야."

꼭지점이 반지름에게 부탁했어요. "너는 다시 터널로 들어가 봐!"

잠시 후 반지름이 땅 밑에서 말했어요. "터널 안에 들어왔어. 이제 뭘 하지?"

꼭지점은 가장 가까이 있는 구멍 속에 삽을 넣었어요. "이 삽과 길이가 같은 원뿔을 찾아봐."

"길이가 비슷한 원뿔이 네 개 있어." 반지름이 답했어요.

"엑스캘리버는 그 가운데 하나에 숨겨 놓았을 거야. 우리가 찾는 원뿔은 높이가 밑면 너비의 세 배야." 꼭지점이 말했어요.

"120센티미터를 3으로 나누면 40센티미터가 돼." 꼭지점이 말했어요. 꼭지점은 원뿔 네 개의 밑면 너비를 재 보았어요. 모두 40센티미터보다 더 컸는데, 마지막에 잰 것이 가장 비슷했어요.

아침 해가 살짝 얼굴을 내밀었을 때, 꼭지점은 그 원뿔을 파내기 시작했어요.

반지름이 다시 안마당으로 돌아왔어요. 꼭지점은 끙끙 거리며 원뿔을 들어 올렸어요. 마침내 커다란 원뿔이 뽑혀 나왔어요.

꼭지점이 원뿔을 재 보니, 높이가 126센티미터였어요. 정확히 밑면 너비 42센티미터의 세 배인 거예요!

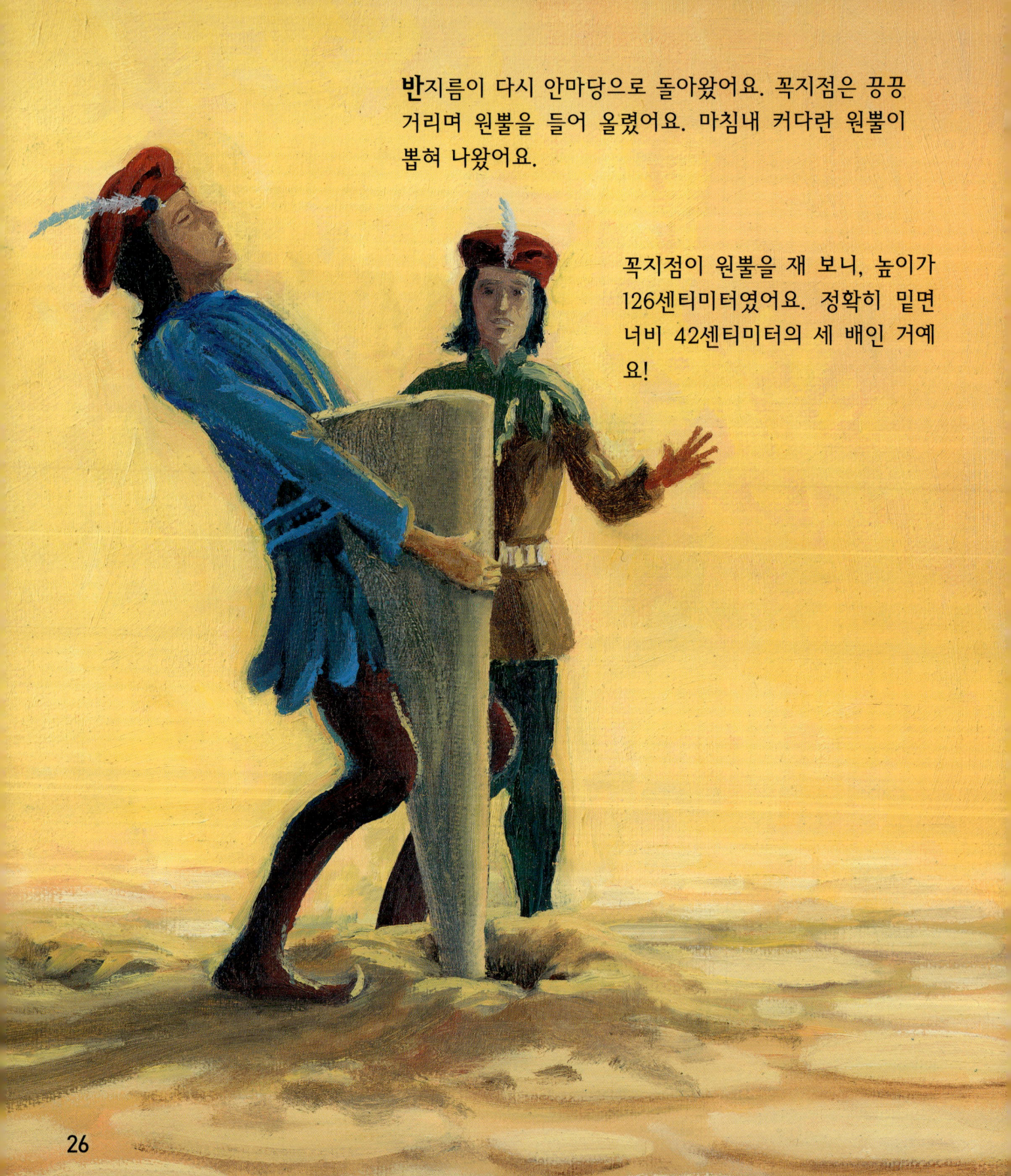

꼭지점은 원뿔의 밑면을 떼어 내고, 안에서 반짝이는 칼을 꺼냈어요.

"찾았다! 엑스캘리버를 찾았어!" 꼭지점이 외쳤어요.

꼭지점이 칼을 높이 쳐들자, 사람들이 달려 나왔어요. 아서 왕이 다가와 말했어요. "꼭지점 경, 그대가 수수께끼를 풀었구나. 어떻게 엑스캘리버를 찾을 수 있었는지 말해다오."

꼭지점이 절을 한 후 말했어요. "폐하, 저는 양피지의 도형들을 접어서 다면체로 만들었어요. 그러고 나서 각 다면체의 면과 점의 개수를 더한 후, 변의 개수를 뺐어요.
그러자 답이 항상 2가 나왔어요. 하지만 원통과 원뿔 모양은 달랐어요. 그래서 저는 반지름과 함께 성 안에서 원통과 원뿔 모양의 물건을 찾기 시작했어요."

"우리는 마침내 안마당에 묻힌 원뿔들을 찾아낼 수 있었어요. 그 가운데 높이가 밑면 너비의 세 배인 원뿔이 있었고, 그 안에 엑스캘리버가 들어 있었어요."

꼭지점이 무릎을 꿇고 앉아서 왕에게 칼을 내밀었어요.

아서 왕이 빙그레 웃고 말했어요. "꼭지점 경, 총명하게 수수께끼를 푼 그대에게 최고의 영예를 내리겠노라."

왕이 엑스캘리버를 쥐고 칼등으로 꼭지점의 어깨를 토닥였어요. "그대를 왕세자로 봉하노라. 내가 나라를 다스릴 수 없게 되면 그대가 왕이 되리라."

"이제 일어나서 그대의 백성들과 인사를 나누어라." 사람들이 일제히 환호했어요.

꼭지점이 말했어요. "원둘레 경과 지름 부인, 그리고 반지름에게 감사드립니다. 그들이 나를 도와준 덕분에 수수께끼를 풀 수 있었어요. 왕이 된 후에도 그들이 나를 꼭 도와주길 바랍니다."

꼭지점은 훗날 아주 현명하고 어진 왕이 되었어요. 꼭지점 이야기는 전설이 되어서, 꼭지점이 뭔지 모르는 사람이 없게 되었어요. **꼭지점**이란 다각형이나 다면체에서 두 개 이상의 모서리가 만나는 점을 가리키는 말이에요.

모든 다면체는 면과 꼭지점 개수를 더하고 변(모서리)의 개수를 빼면 항상 2가 나와요. 이것을 '오일러의 정리'라고 한답니다.
레온하르트 오일러(1707년~1783년)라는 스위스의 수학자가 1751년에 그런 사실을 알아냈어요.

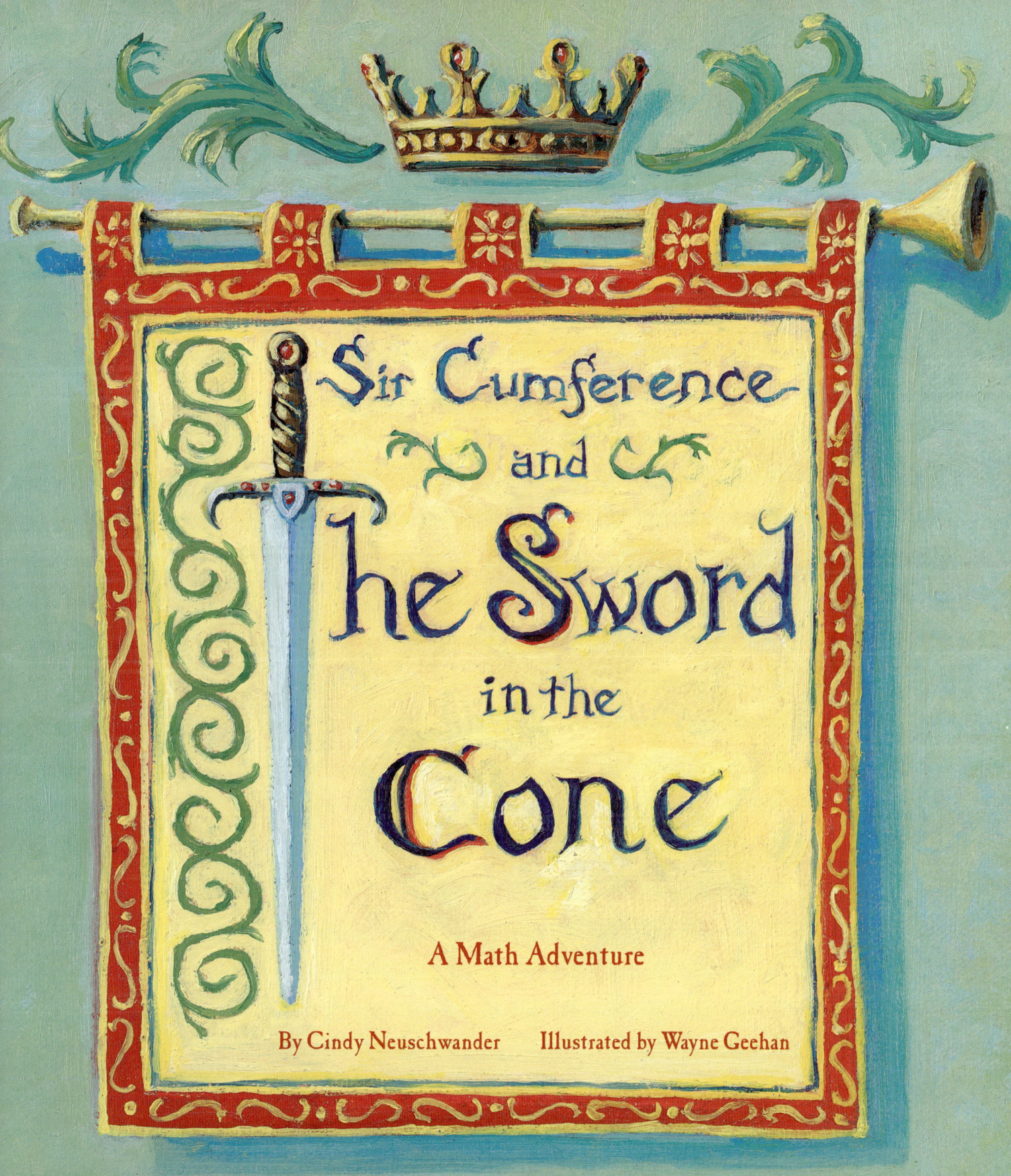

One fine morning, Sir Cumference, Lady Di of Ameter, and their son, Radius, sat eating breakfast in King Arthur's castle.

Suddenly, the door flew open and a young knight ran into the room. It was Vertex, Radius's best friend. "I've found out why King Arthur called us all here!" Vertex exclaimed.

"The King wants to choose an heir," Vertex explained. "Five knights are competing for the honor. I'm one of them."

"You would make a fine king," Sir Cumference said.

"That's right," agreed Radius. "You helped the King make peace with the Euclideans last year."

"Yes, but now I have to solve the puzzle on this parchment," Vertex said. "The King has hidden his sword, Edgecalibur. The knight who finds it will be the next king."

Vertex unrolled a parchment. "This is the only clue the King gave us."

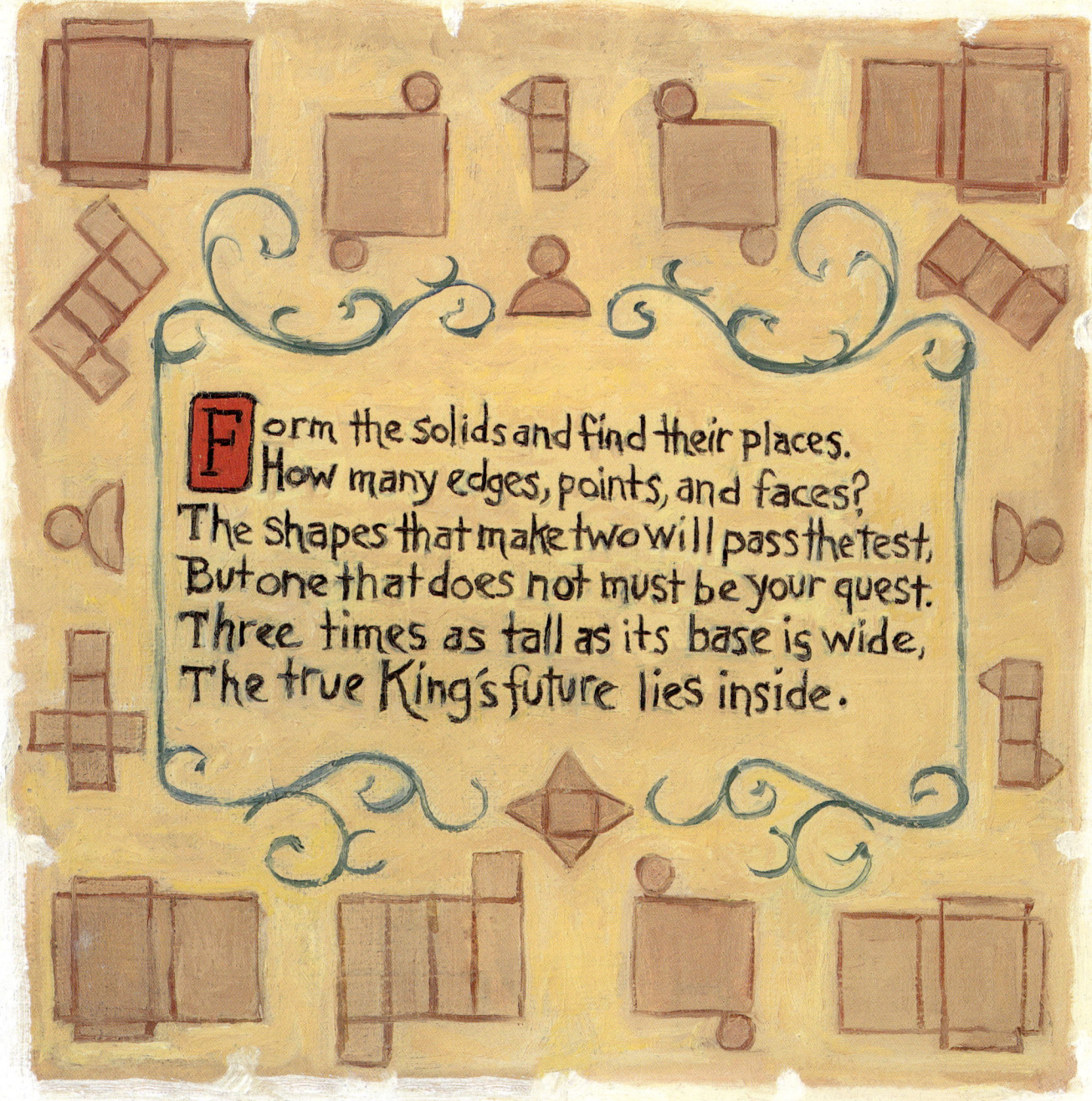

Form the solids and find their places.
How many edges, points, and faces?
The shapes that make two will pass the test,
But one that does not must be your quest.
Three times as tall as its base is wide,
The true King's future lies inside.

"Look at these strange drawings," Lady Di remarked. "They look like wooden tabletops."

"Let's go ask the carpenters," suggested Radius. "They know a lot about building tables."

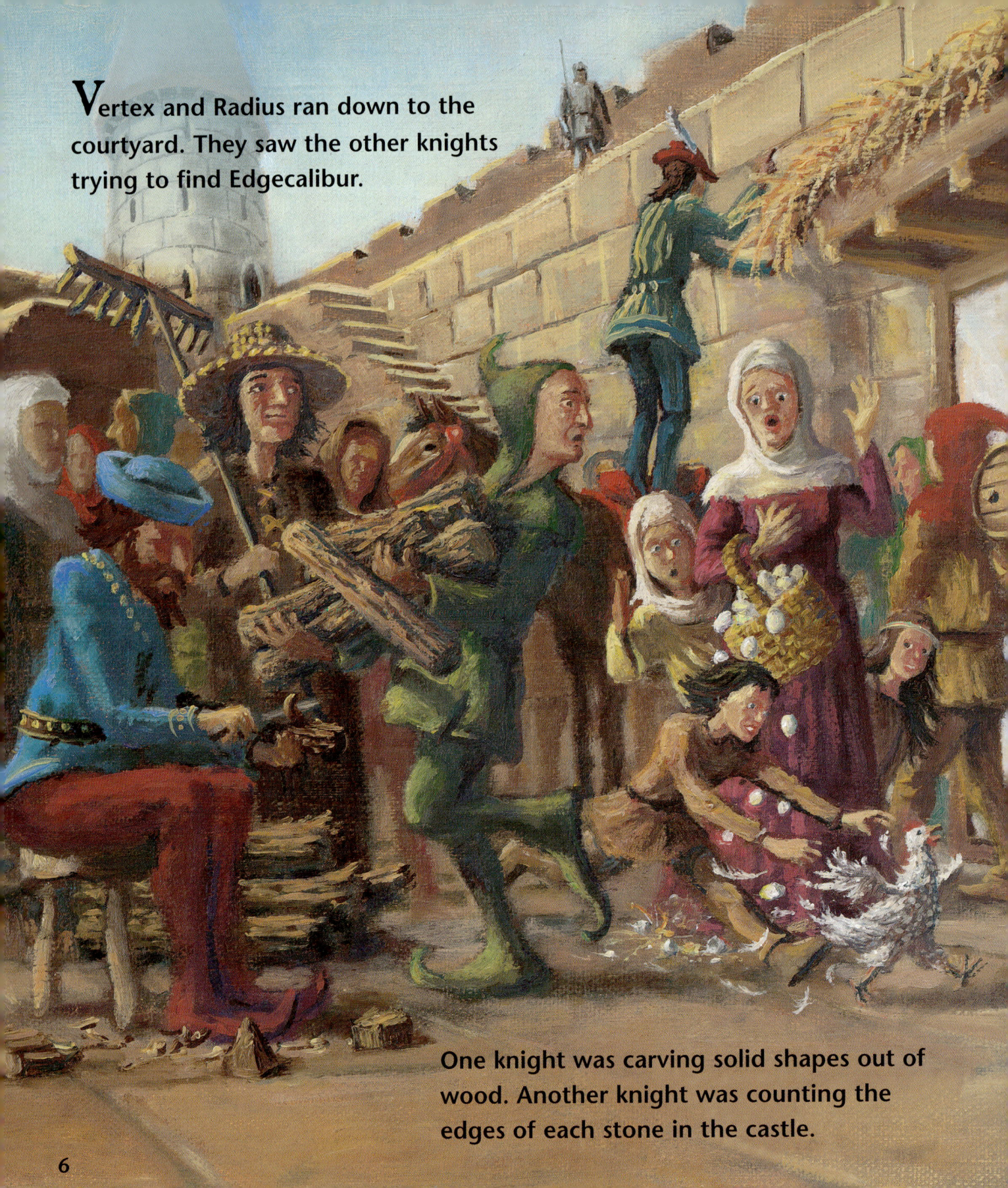

Vertex and Radius ran down to the courtyard. They saw the other knights trying to find Edgecalibur.

One knight was carving solid shapes out of wood. Another knight was counting the edges of each stone in the castle.

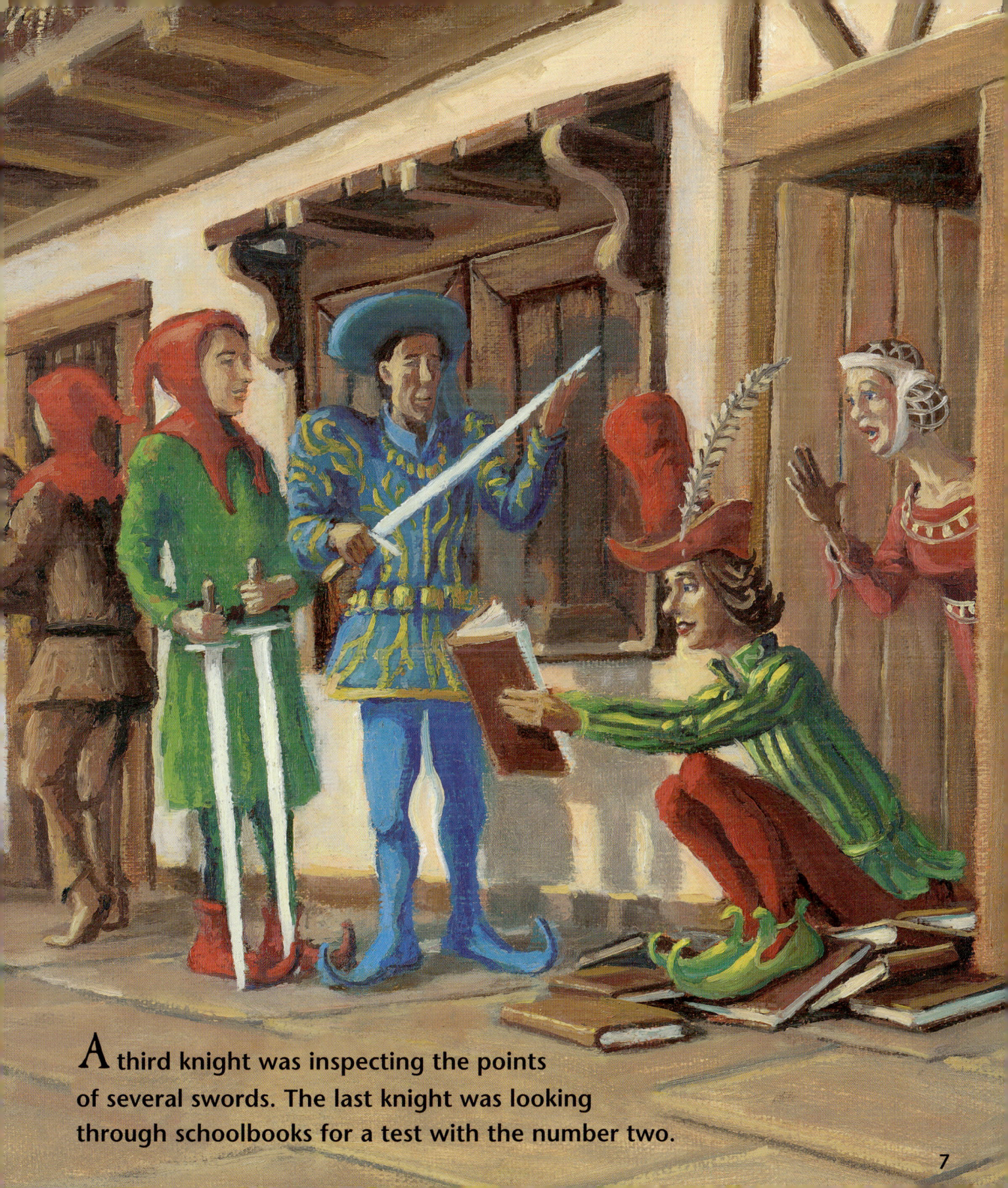

A third knight was inspecting the points of several swords. The last knight was looking through schoolbooks for a test with the number two.

"I know a shortcut," said Radius. He led Vertex into a tunnel. "This will take us under the courtyard to the carpenters' workshop."

The tunnel was dimly lit, and scratching and squeaking came from the dark shadows.

When they got to the workshop, Vertex showed the carpenters, Geo and Sym of Metry, the drawings on the parchment. "Do you know what these are?" he asked.

"Yes," answered Geo. "These are diagrams showing solid shapes flattened out."

"You can use them to make shapes with height, length, and width," added his brother Sym.

"I see!" nodded Vertex. "Let's try it, Radius."

Vertex and Radius cut and folded the shapes. "The parchment says the shapes that 'make two' will pass the test," Vertex said. "This cube has 6 square sides or faces, 8 corner points, and 12 edges where the faces come together. How do you get a 2 from that?"

"Look at this pyramid," said Radius. "It has 5 faces, 5 points, and 8 edges. I don't see a 2 anywhere."

"Maybe we have to add the number of faces and the number of points," said Vertex. "If we add the pyramid faces and points we get ten. Ten minus the 8 edges is 2."

"Does it work for the cube, too?" asked Radius. "The cube's 6 faces plus its 8 points is fourteen. Fourteen minus the 12 edges is 2. I think you've got it, Vertex!"

Vertex and Radius finished making the shapes. There were cubes, pyramids, rectangular prisms, triangular prisms, cylinders, and cones.

Vertex counted the faces, corner points, and edges of each shape. He added the number of faces and points, then subtracted the number of edges. The answer was 2 each time, except for the cylinder and the cone.

Shape	Flat Faces	Corner Points	Faces + Points	Straight Edges	Faces + Points − Edges
Cube	6	8	14	12	2
Pyramid	5	5	10	8	2
Rectangular Prism	6	8	14	12	2
Triangular Prism	5	6	11	9	2

Vertex unrolled the parchment and read again,

*The shapes that make two will pass the test,
But one that does NOT must be your quest.*

"The cylinder doesn't have any points, and the cone doesn't have any straight edges. They can't make two and pass the test.

"Our next clue must be a cylinder or cone!" he announced.

"Look at this," said Radius. "I made a model of the castle with the shapes! Here is the pyramid roof on top of the rectangular tower. The other towers are the cylinders with their cone-shaped roofs."

Vertex looked at the model. "Let's search for Edgecalibur in the round towers, since they are built in the shapes of cones and cylinders."

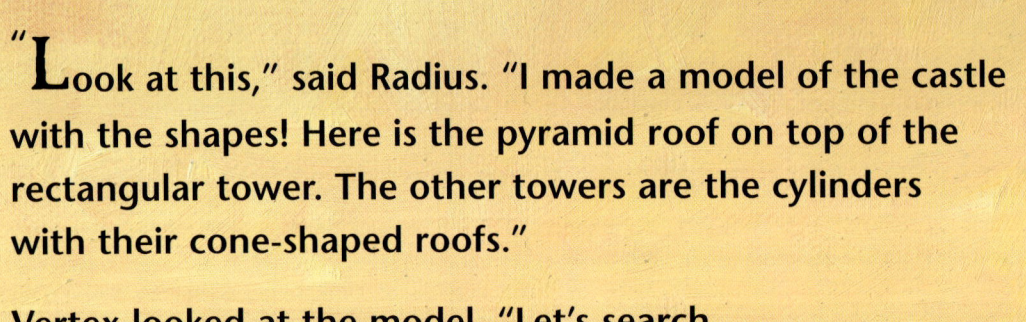

Vertex and Radius climbed up and down the spiral staircase in each round tower. They looked under every trapdoor, in every suit of armor, and behind every tapestry, but there was no sign of Edgecalibur.

"Let's search from above," Vertex said.

They went up to the roof. Vertex had a commanding view of the castle courtyard. "Look at the stones in the path!" he said.

"Each of those round paving stones could be the bottom of a cone or cylinder.

"That path is in the same direction as the tunnel we went through."

Vertex and Radius returned to the tunnel. Sharp points jutted down from the ceiling.

"These points could be the tips of cones," Radius said.

"We need to dig them up," said Vertex.

Vertex and Radius waited until nightfall, when the courtyard was empty. Vertex remembered the words of the parchment:

> *Three times as tall as its base is wide*
> *The true King's future lies inside.*

"If the base of a cone is its circular bottom, we need to measure the width of these paving stones." Vertex measured one of the stones. "This cone is 14 inches across its base," he said.

"So it must have a height of 42 inches to be three times as tall," Radius replied.

Vertex and Radius dug up the cone. It was 47 inches high. "Oh, no!" said Radius. "It's more than three times as tall."

"Let's try another one," suggested Vertex. He and Radius dug all night. They unearthed and measured many cones, but none was right. Some were too tall while others were too short.

They still had many cones to go when the full moon set and the day began to dawn.

"We'll never finish," groaned Radius. "We've looked for clues in the tunnel and dug up lots of cones. Where else can we look?"

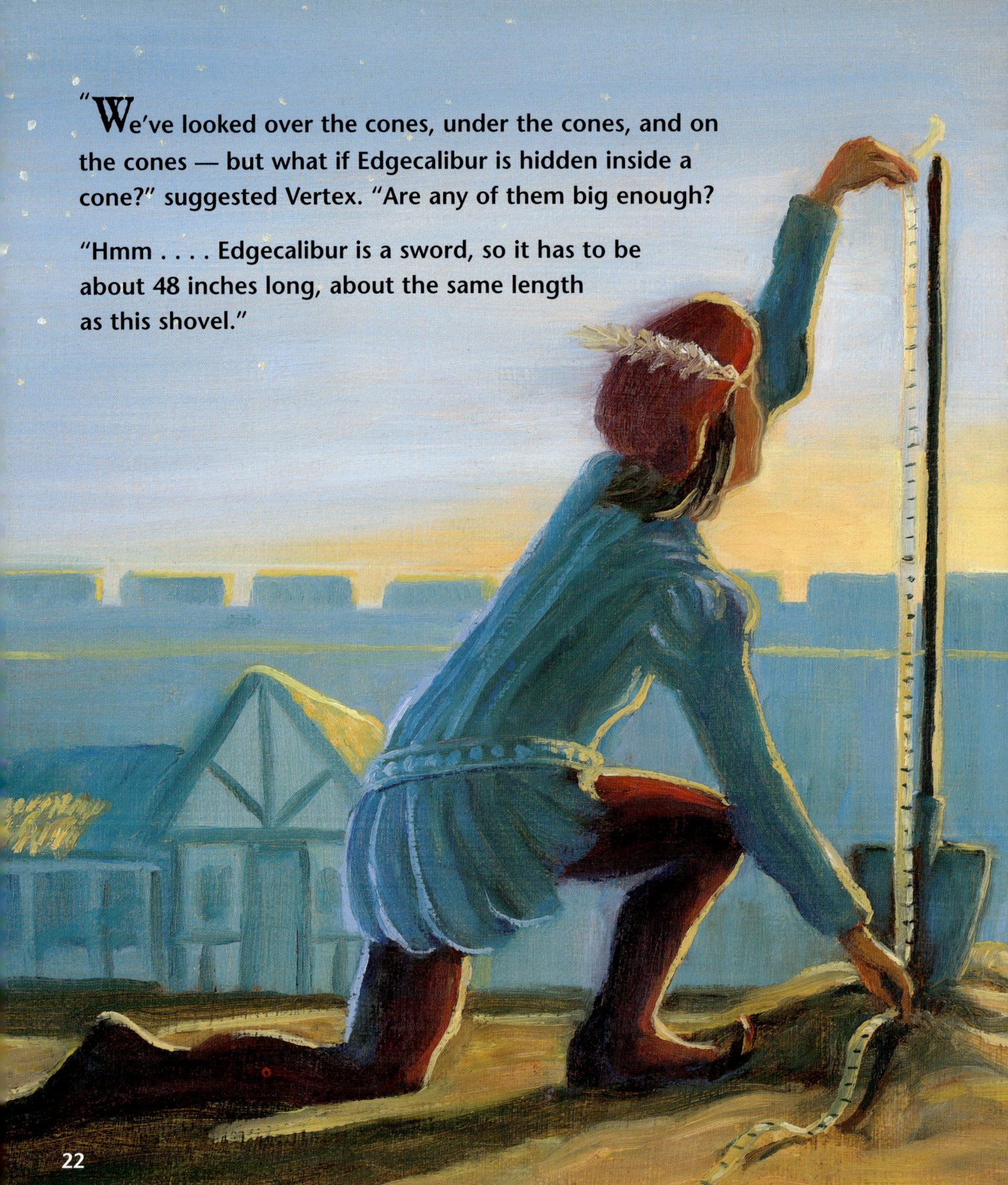

"We've looked over the cones, under the cones, and on the cones — but what if Edgecalibur is hidden inside a cone?" suggested Vertex. "Are any of them big enough?

"Hmm . . . . Edgecalibur is a sword, so it has to be about 48 inches long, about the same length as this shovel."

Vertex asked, "Radius, will you go back down into the tunnel?"

Soon Vertex heard Radius's voice from below. "I'm in the tunnel, but what am I looking for?"

Vertex placed the shovel in the nearest hole. "Can you see any cones that are as long as the shovel?"

"I see four cones that are *about* the same length," Radius answered.

"Edgecalibur could be hidden inside any one of those cones," Vertex said. "But the cone we seek must be three times as tall as its base is wide."

"Forty-eight inches divided by 3 is 16 inches," said Vertex. He measured the bases of the four cones. All were more than 16 inches, but the last one was close.

As the sun peeped over the horizon, Vertex started to dig.

Radius ran back up to the courtyard. Vertex heaved and tugged on the stone. Finally, he pulled up a large cone.

Vertex measured it. It was exactly 51 inches high, three times the 17 inches of its base!

Vertex pried off the base of the cone and pulled out a gleaming sword.

"Edgecalibur is found!" he exclaimed.

As Vertex held the sword aloft, everyone in the castle came running out. King Arthur said, "You have solved my puzzle, Sir Vertex. Tell us how you used your wit and will to find Edgecalibur."

Vertex bowed low. "Sire," he said, "I folded each of the diagrams on the parchment into a solid shape. Then for each solid I added the number of faces to the number of points and subtracted the number of edges.

"The answer was always 2 until I got to the cylinder and the cone. So Radius and I searched the parts of the castle shaped like cylinders and cones.

"We found these cones buried in the courtyard. One of them was three times as tall as its base was wide. Edgecalibur was inside."

Vertex knelt and held out the sword.

King Arthur smiled. "Sir Vertex, you have used your intelligence to earn the greatest honor that I can bestow."

The King took Edgecalibur and tapped Vertex on each shoulder. "I dub you Prince Vertex. When I can no longer rule, you shall be King.

"Rise now and greet your subjects. In your hands, their future is in solid shape." The crowd cheered.

Vertex said, "I want to thank Sir Cumference, Lady Di of Ameter, and Radius. They helped me measure up to the challenge. I hope they will be my advisors when I am King."

Vertex eventually did become a wise and thoughtful king, known to his people as Vertex the Line-Hearted. To this day, the point at the heart of two or more lines is called a vertex.

There really is a mathematical "two's test" for geometric solids. It is called Euler's Law. A Swiss mathematician named Leonhard Euler (OY-ler) (1707-1783) proved in 1751 that if you add the number of faces on a geometric solid to the number of its points (vertices) and then subtract the number of its edges, the answer will always be two. It works for any polyhedron (straight-sided, solid shape).